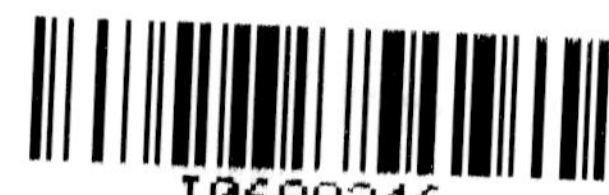
I0698246

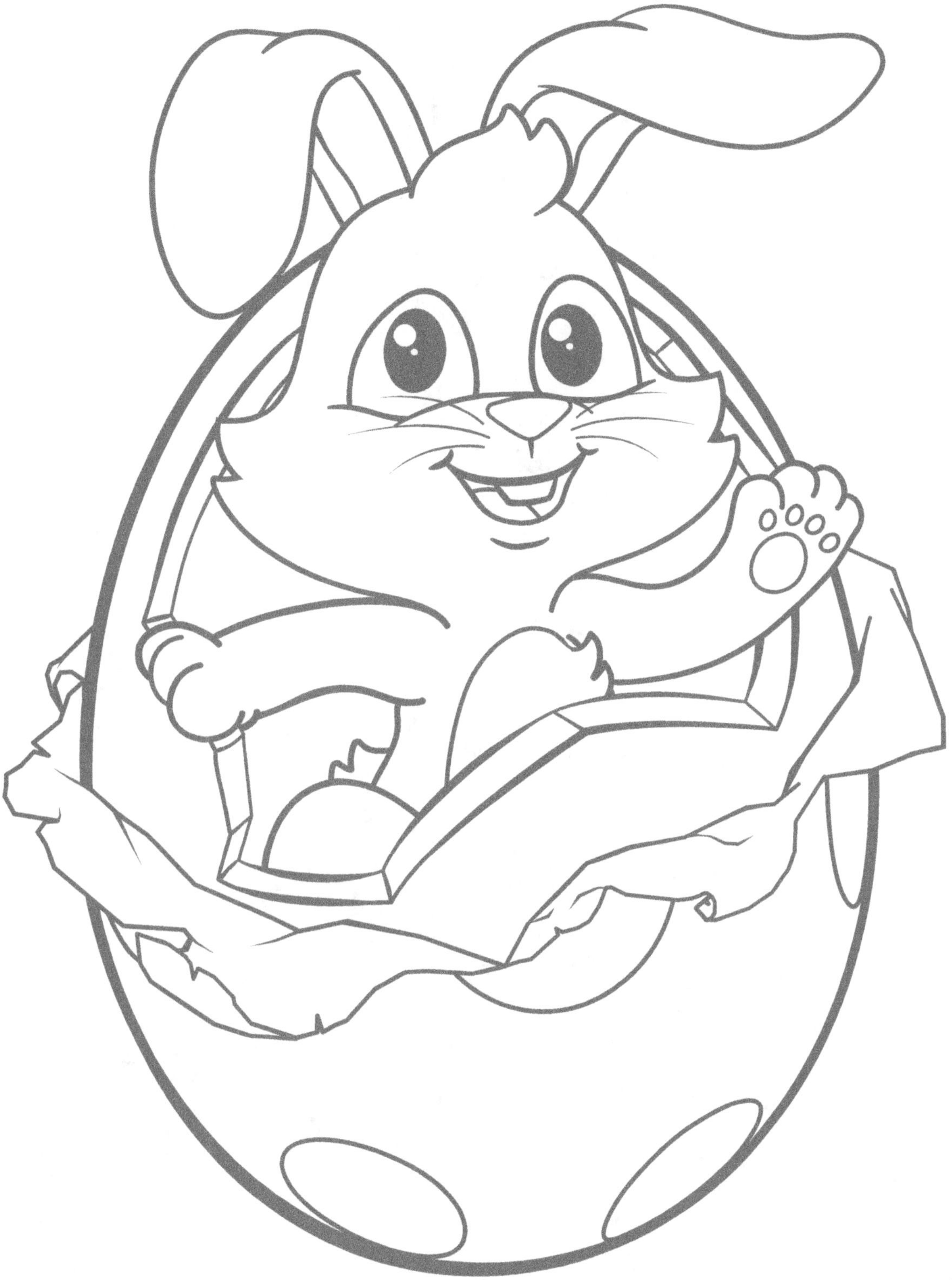

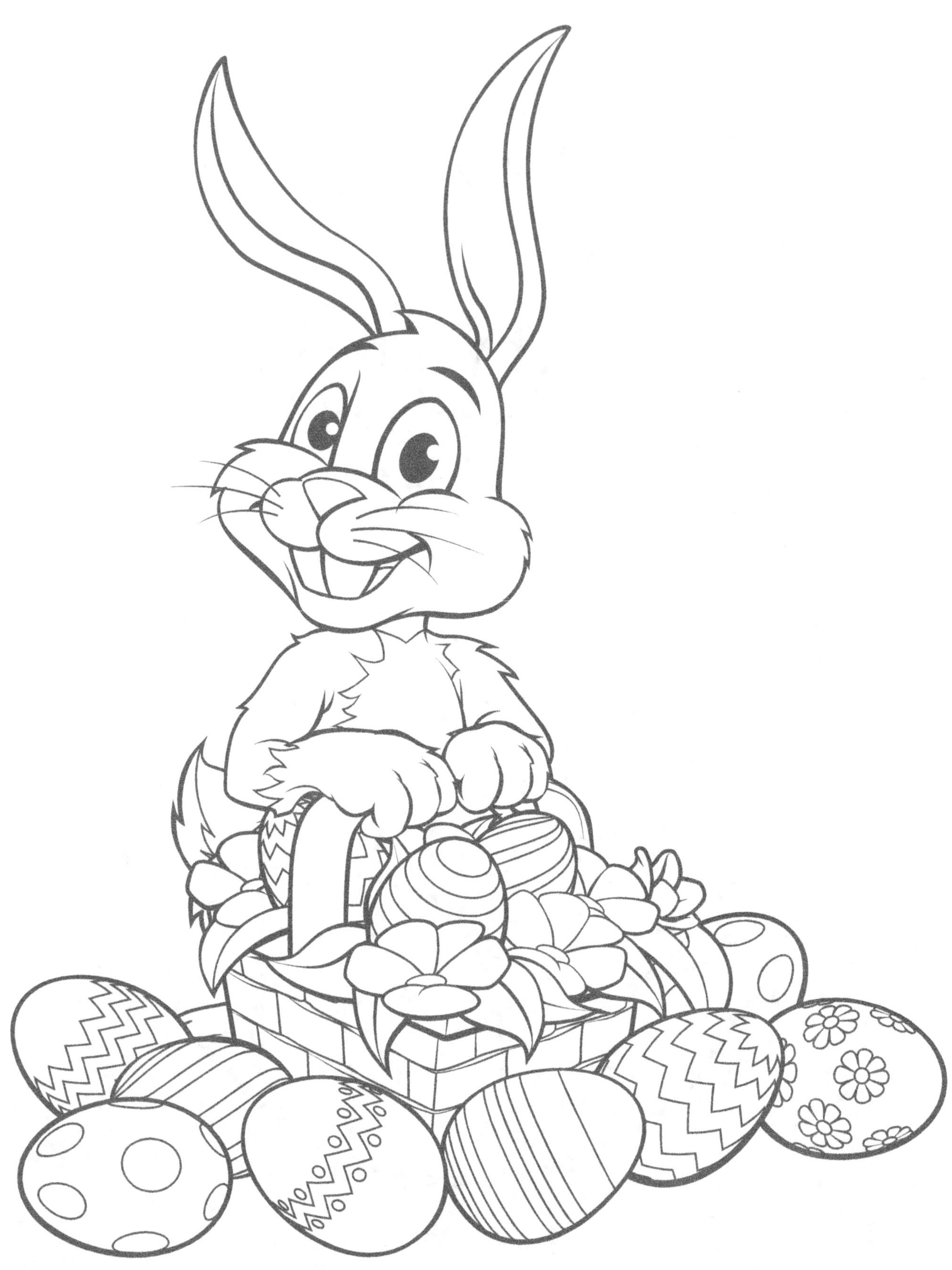

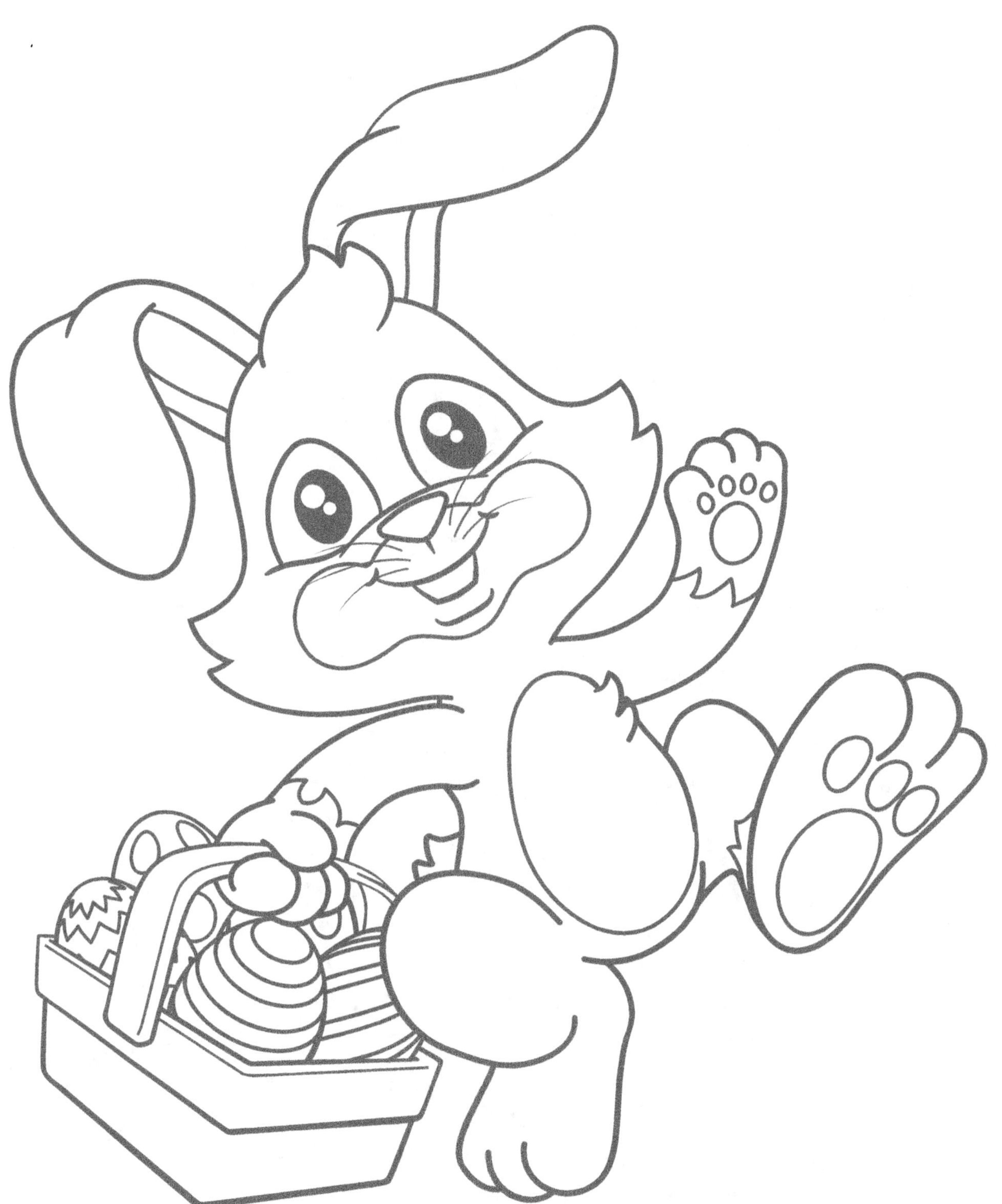

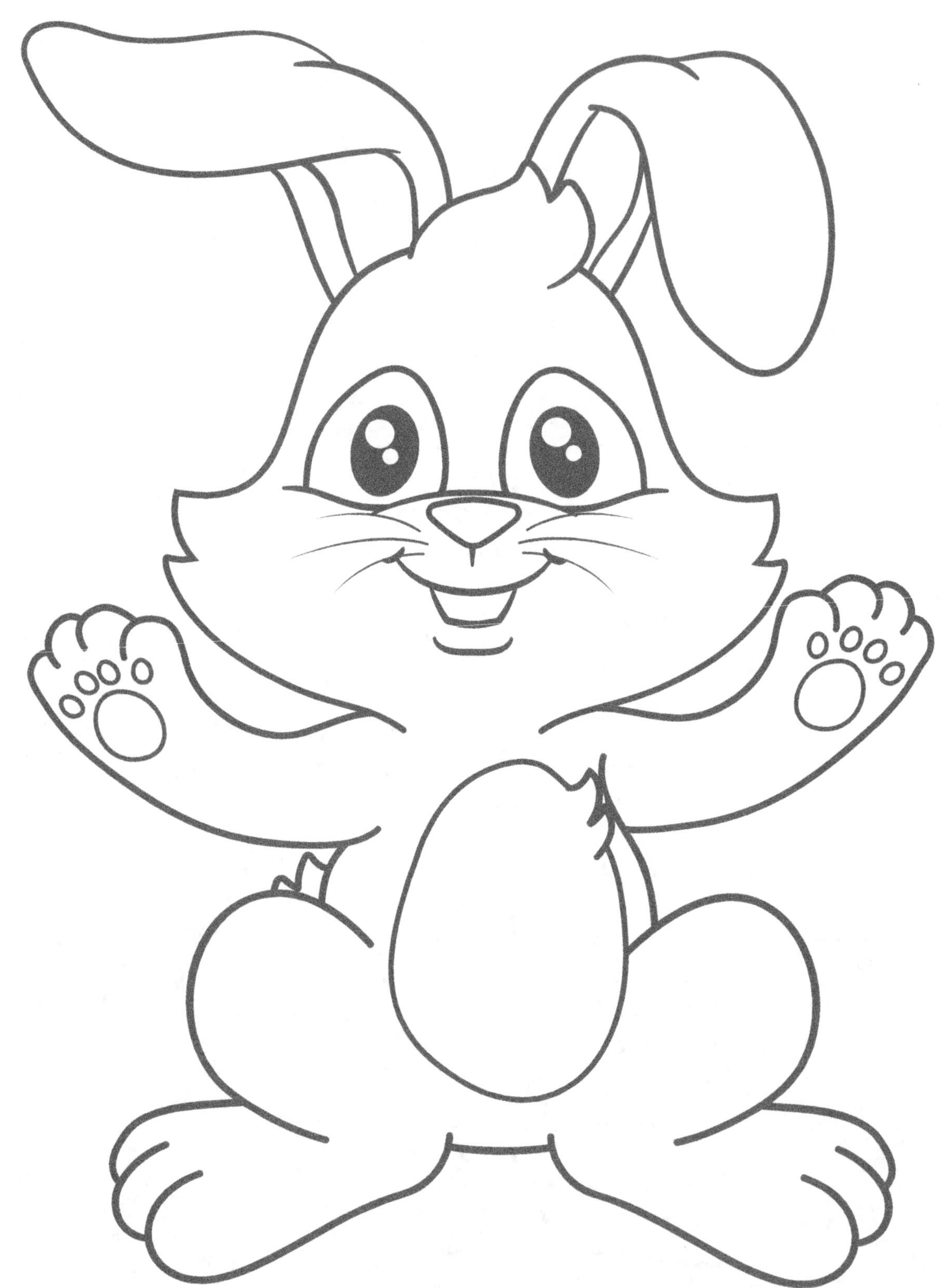

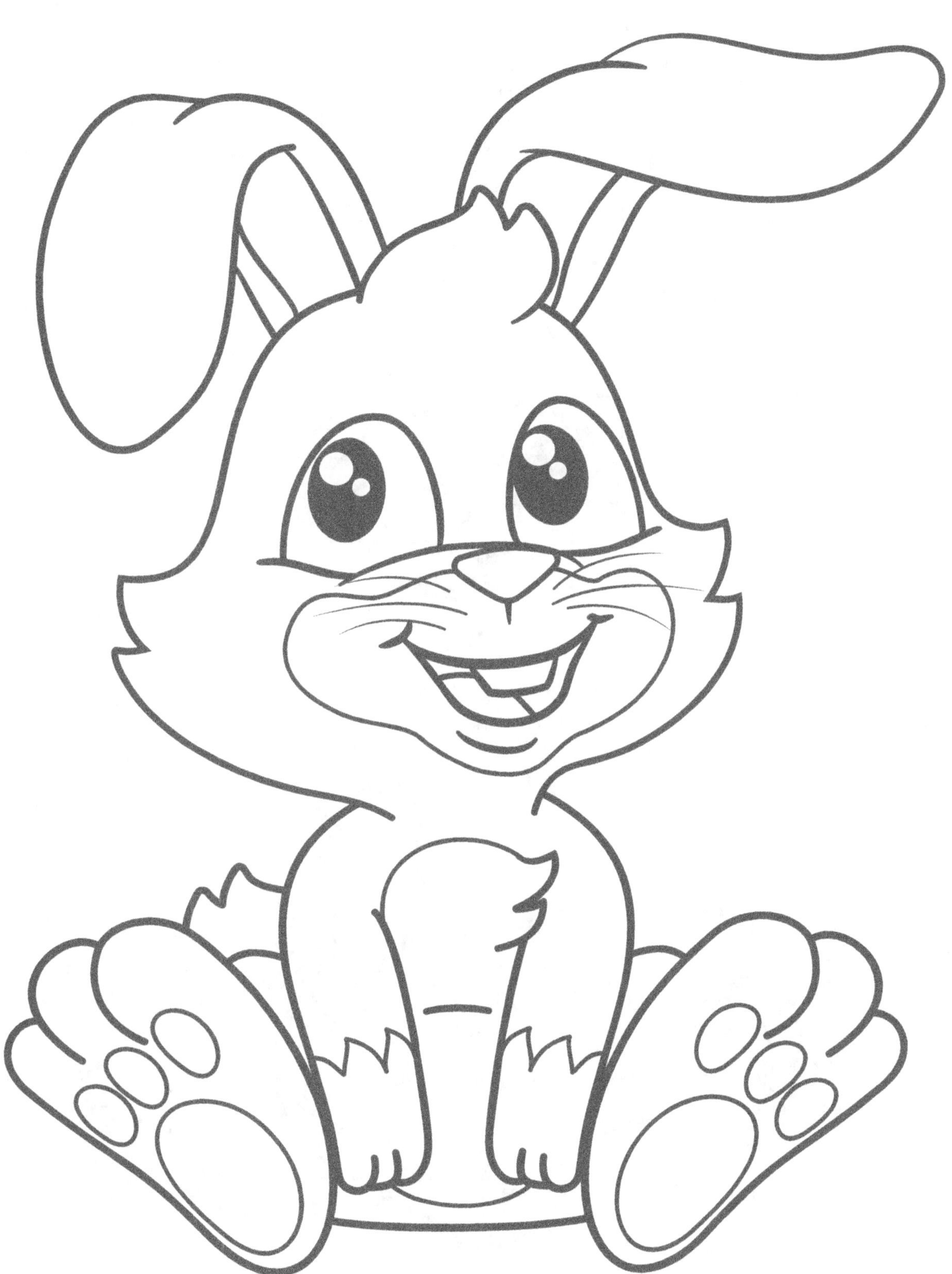

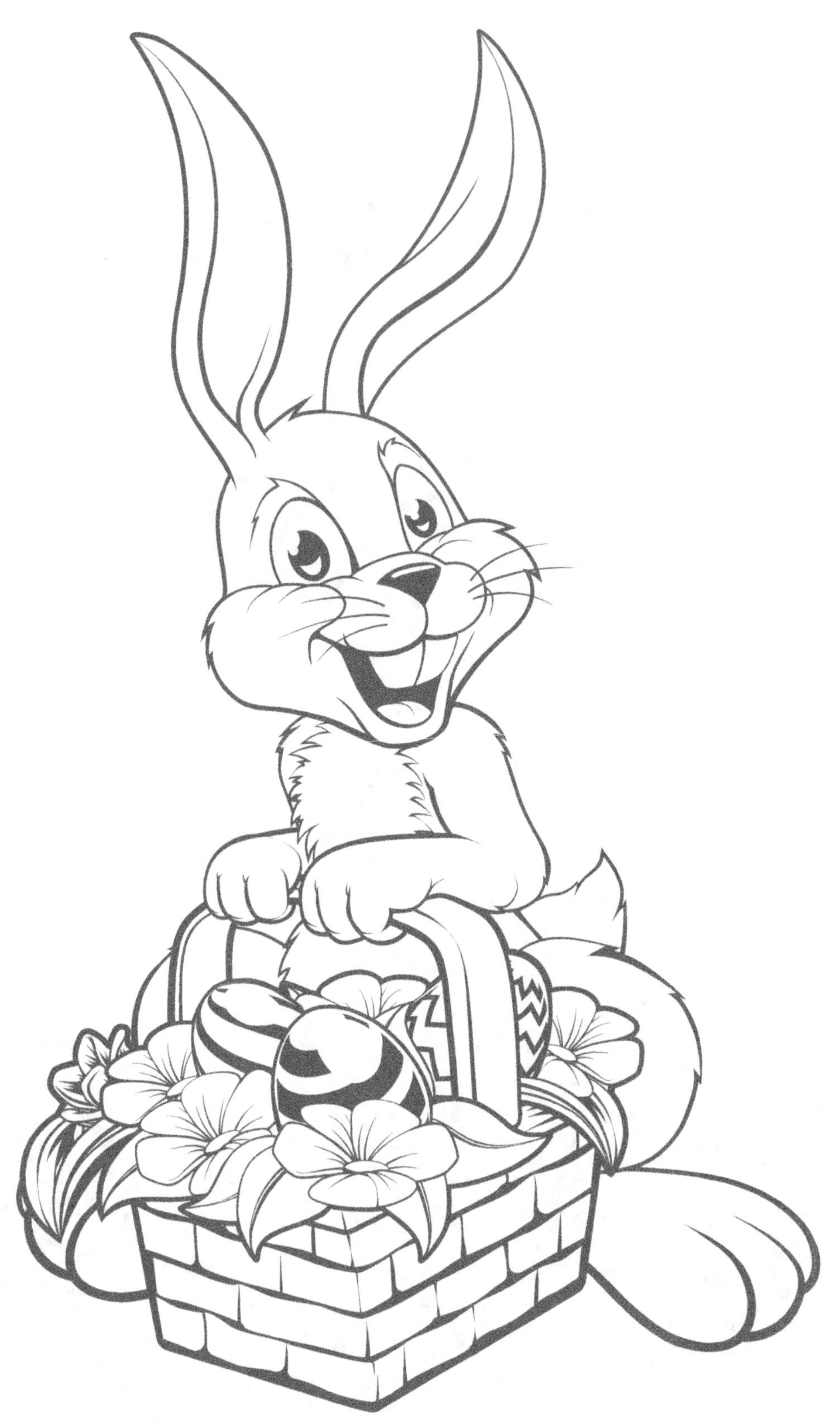

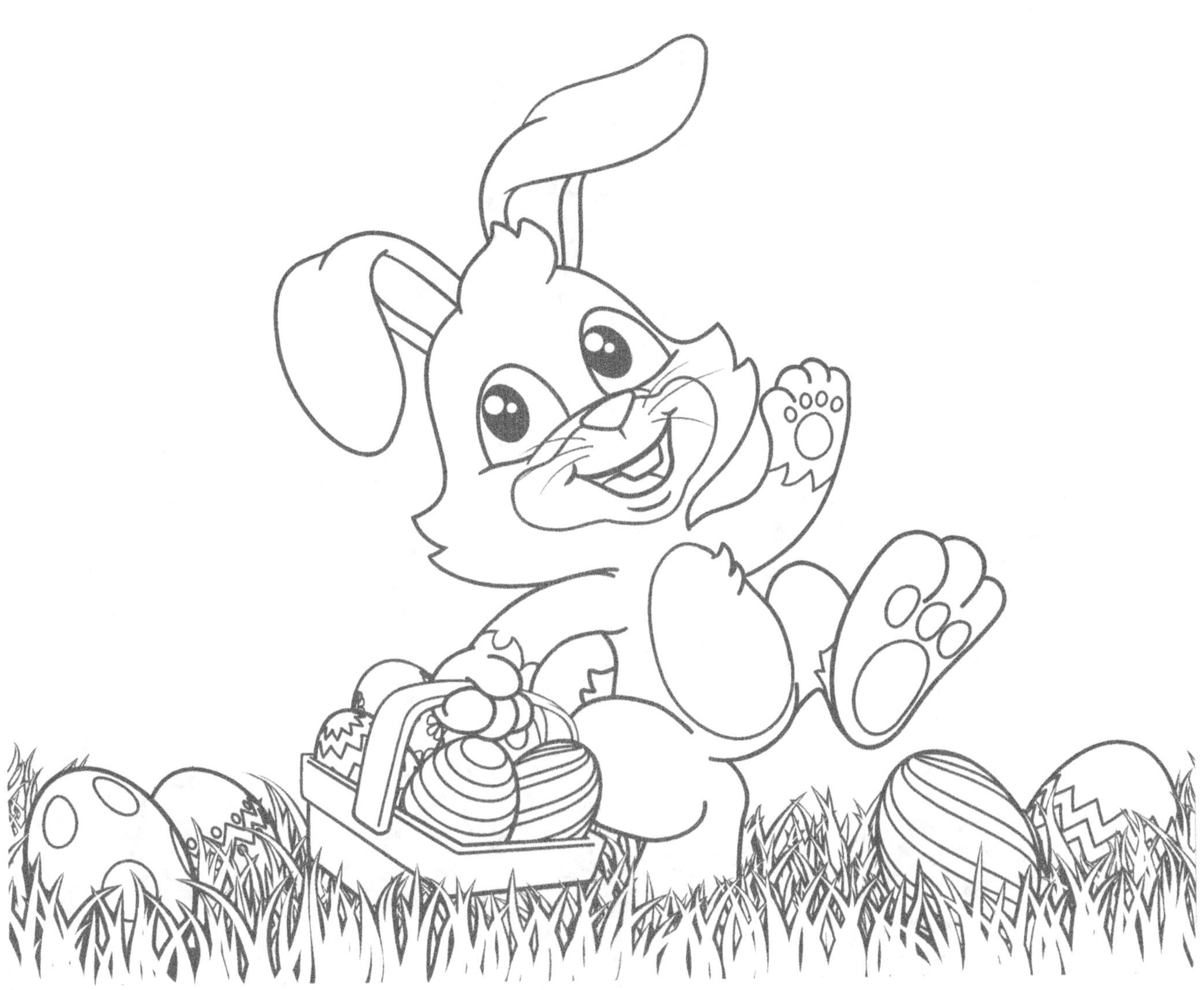

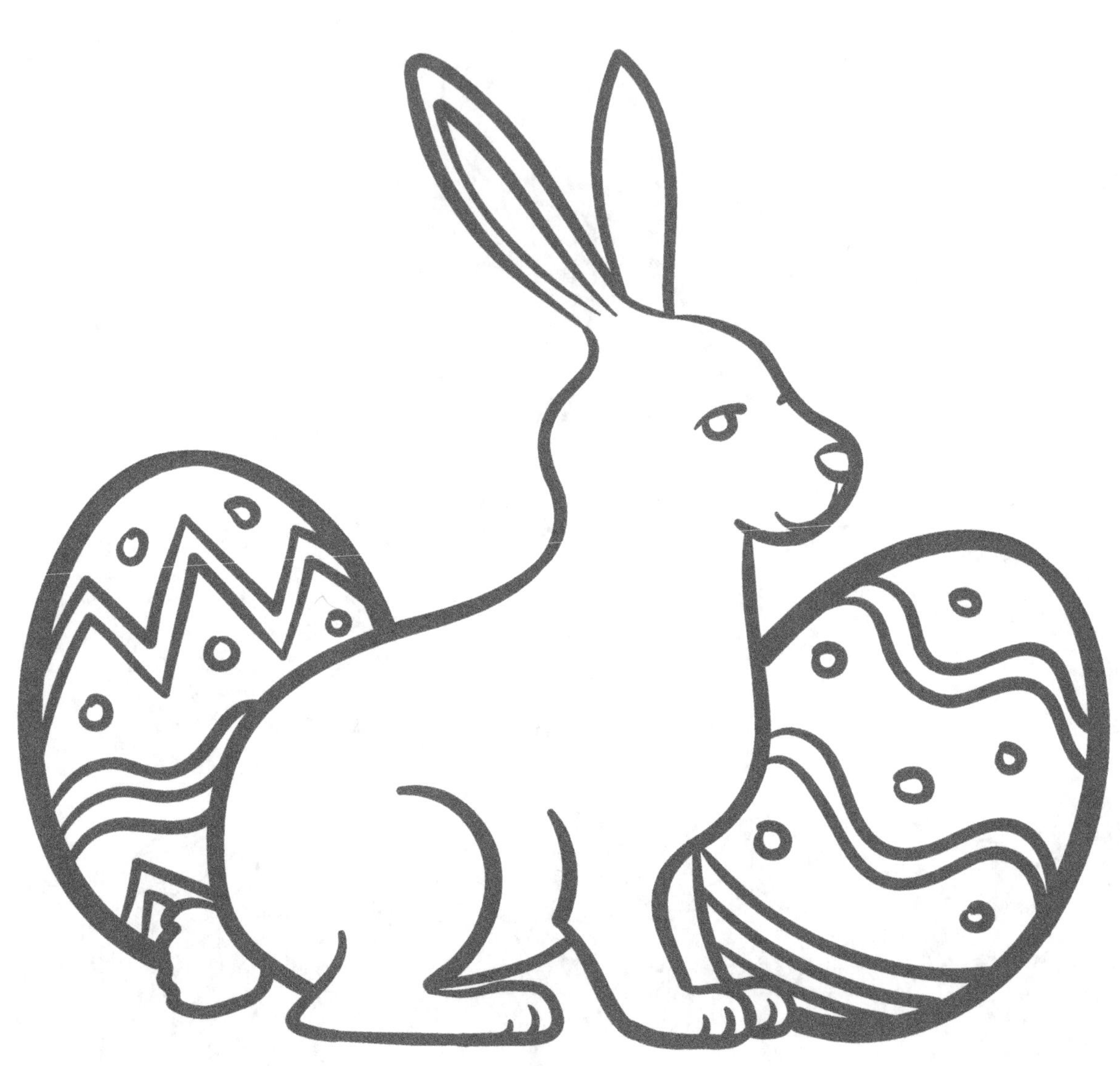

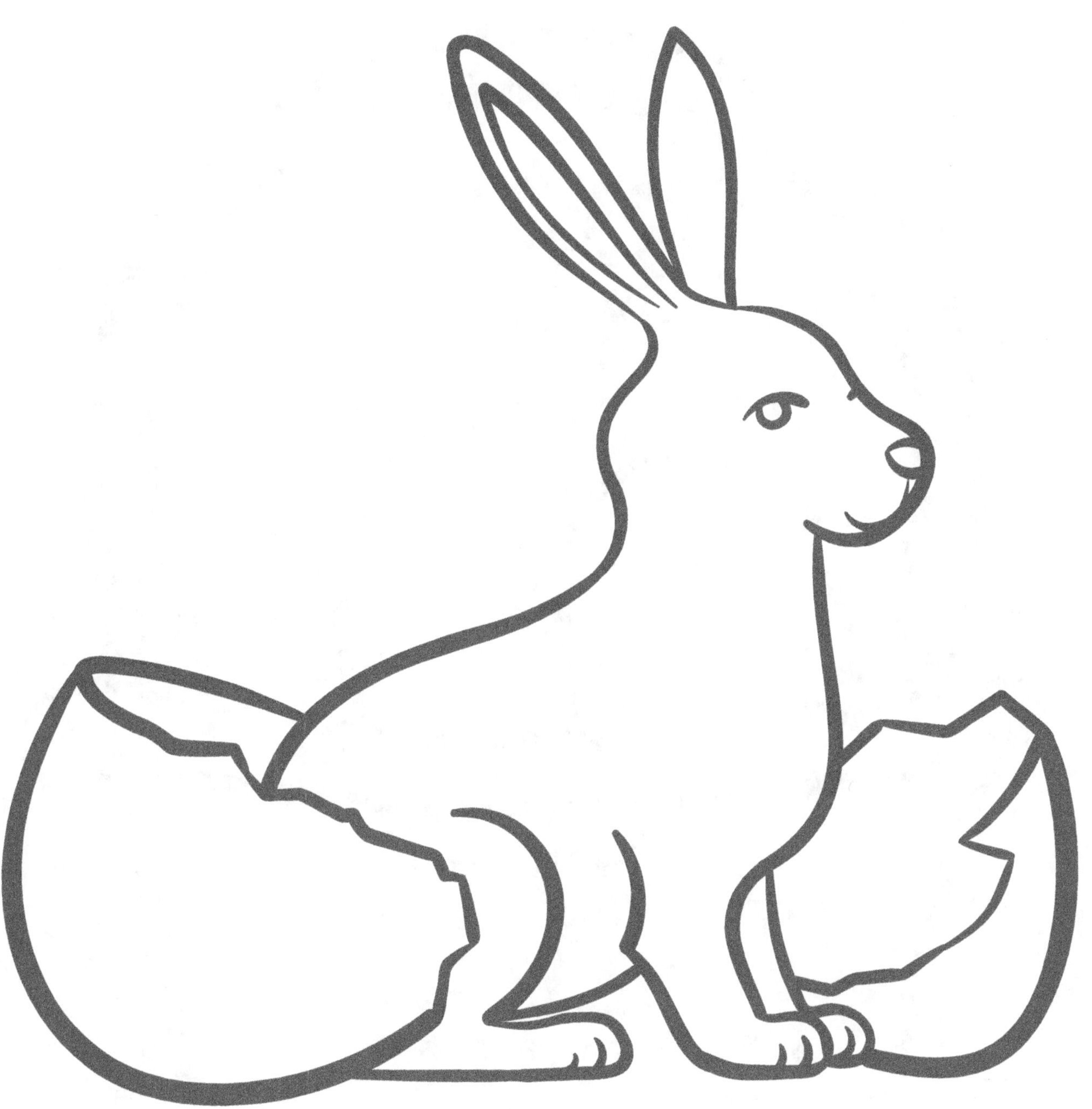

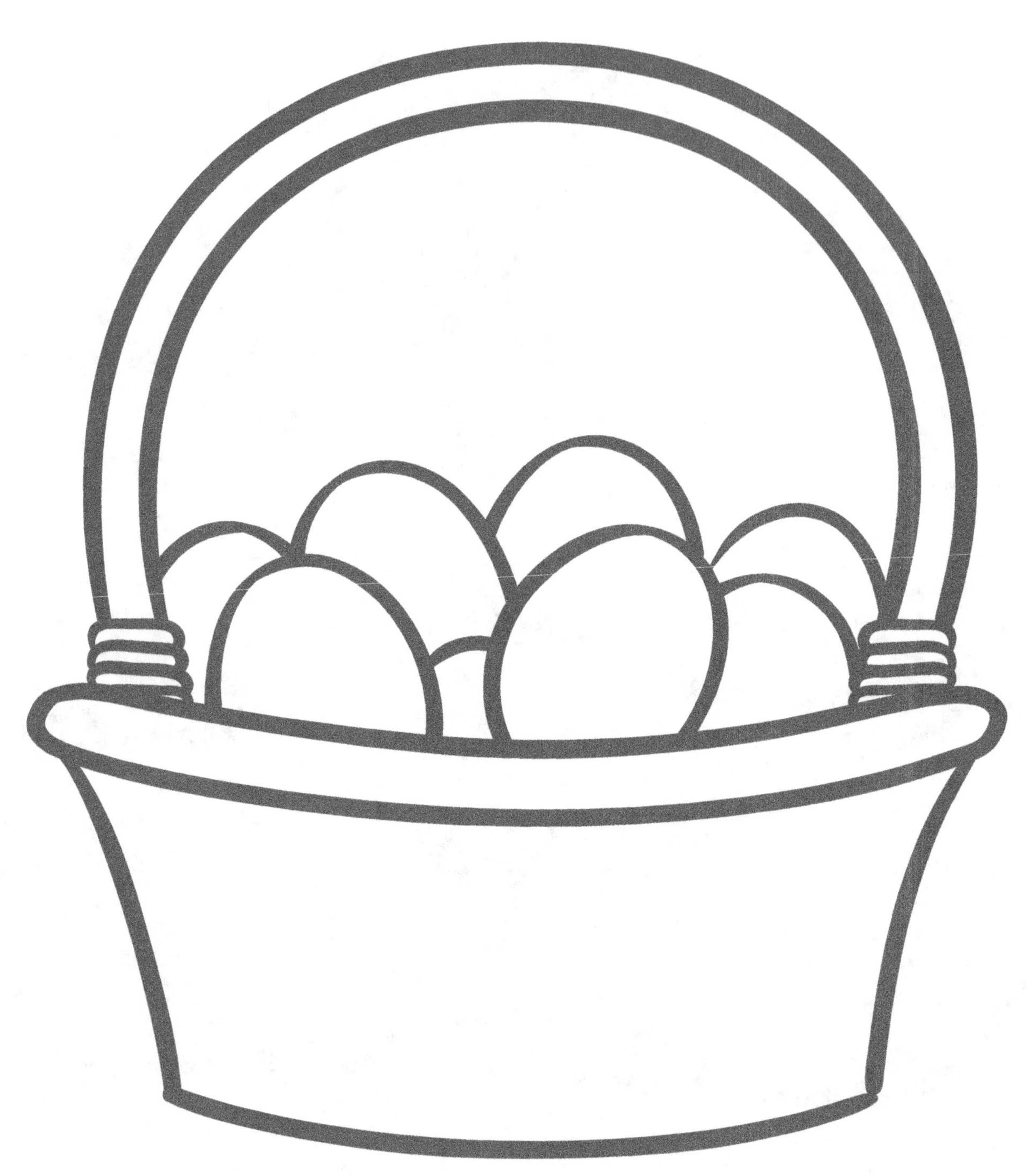

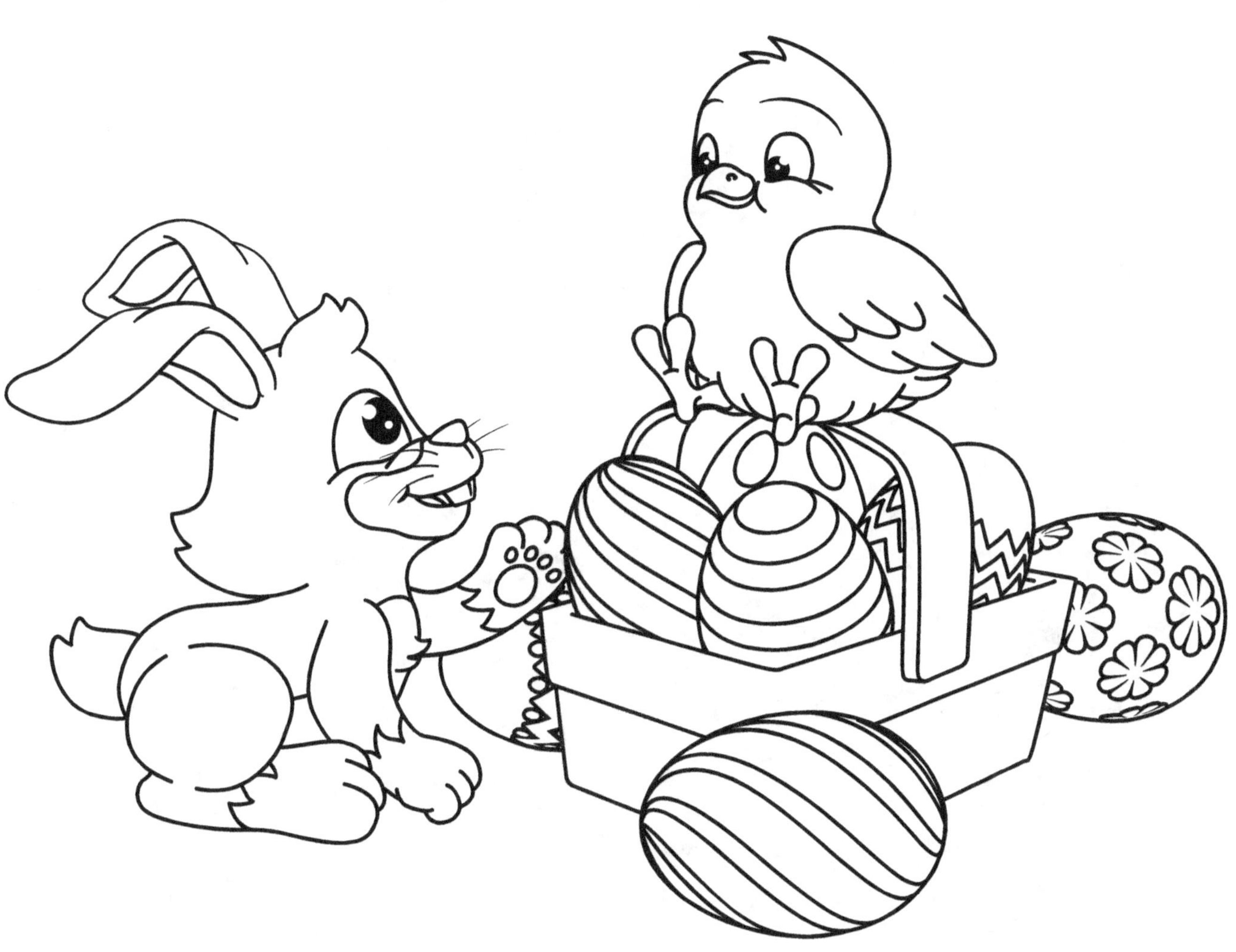

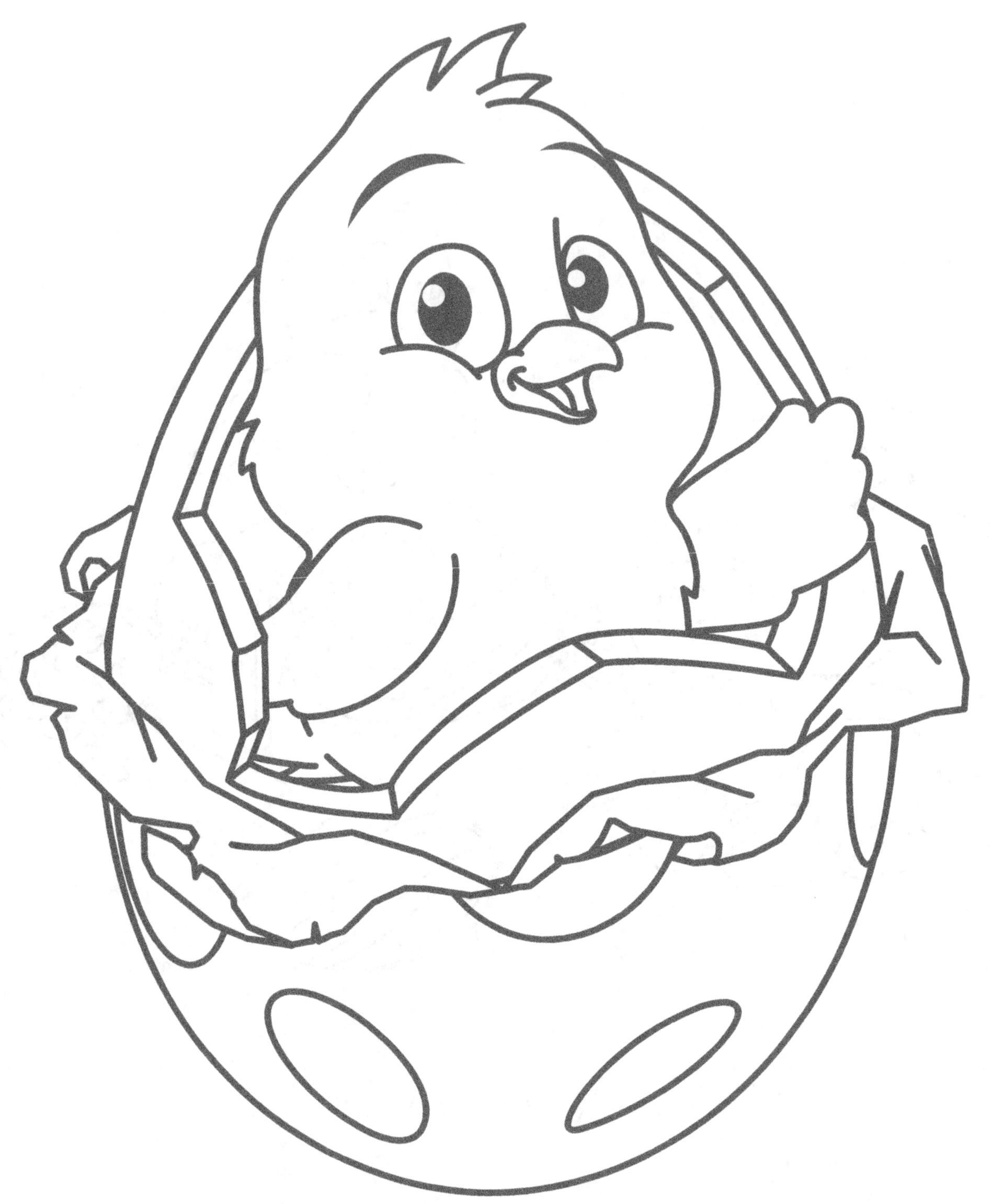

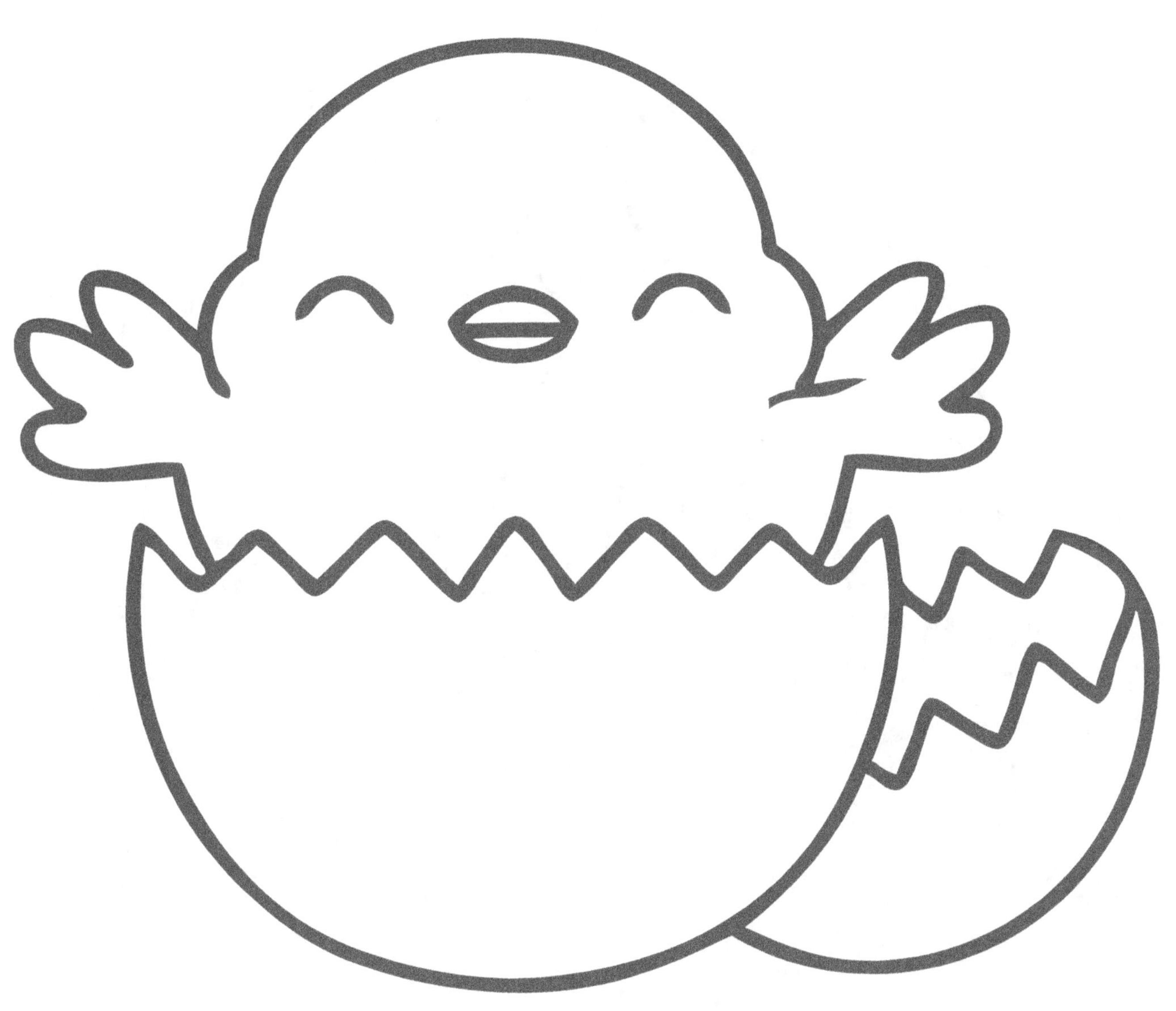

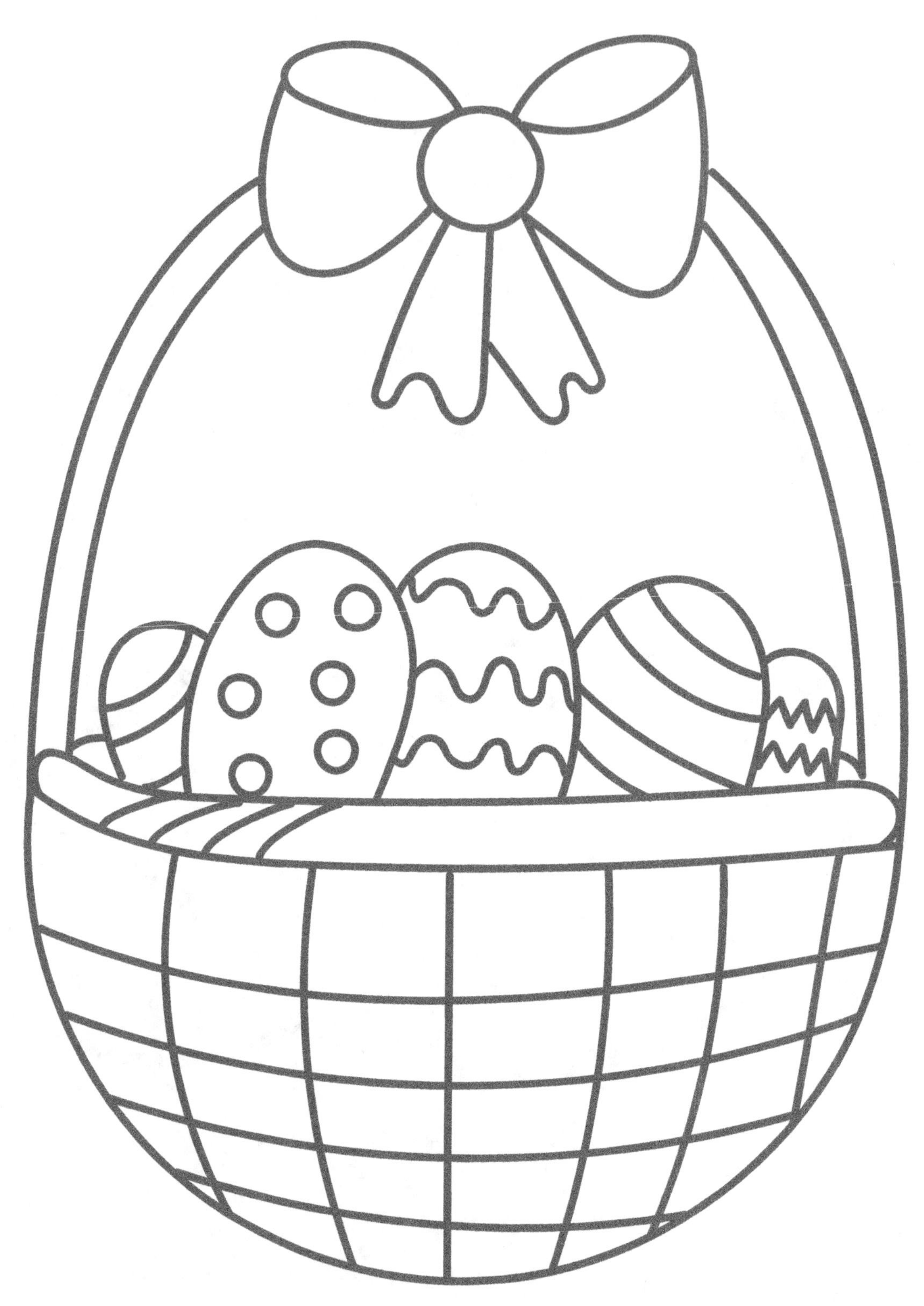

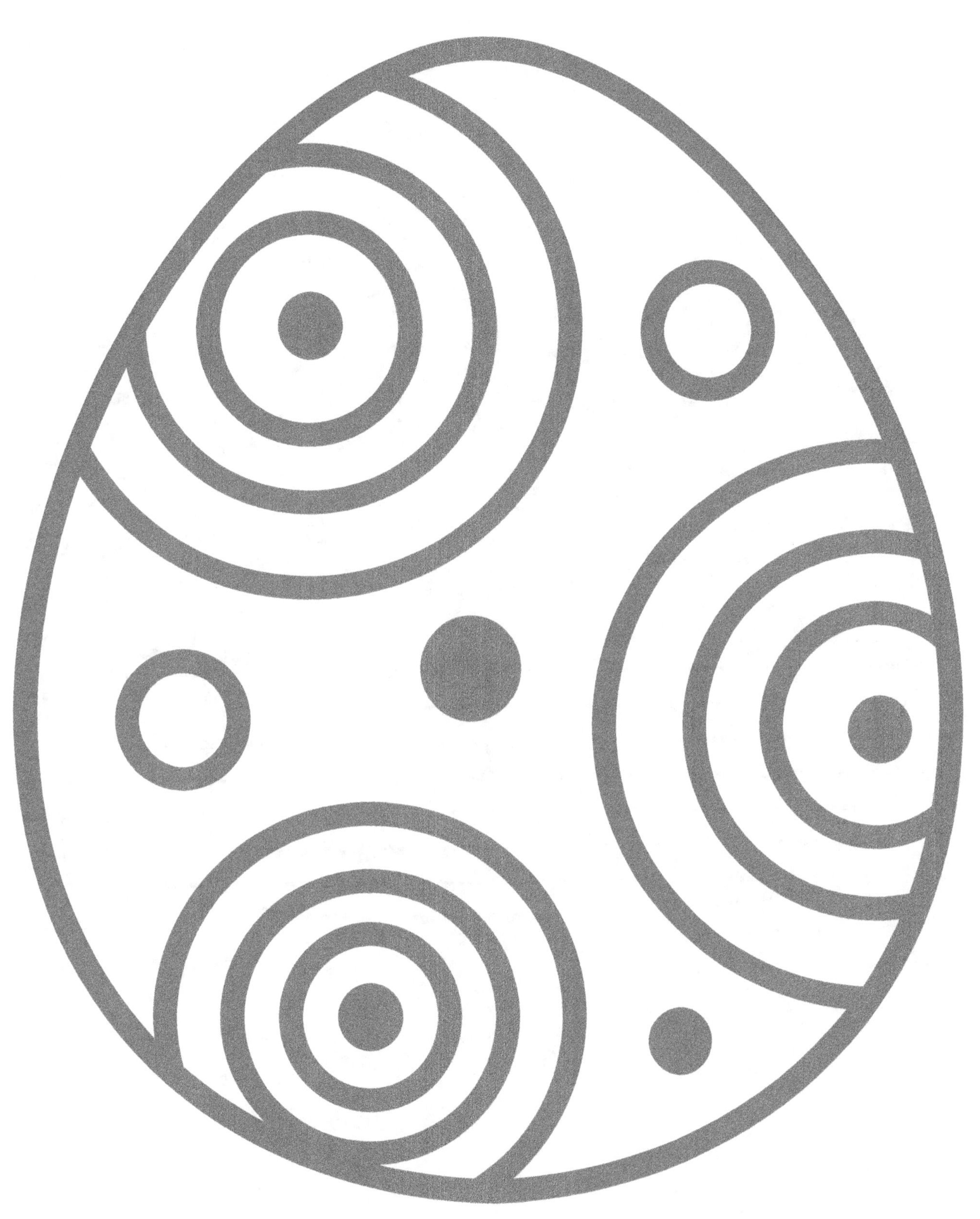

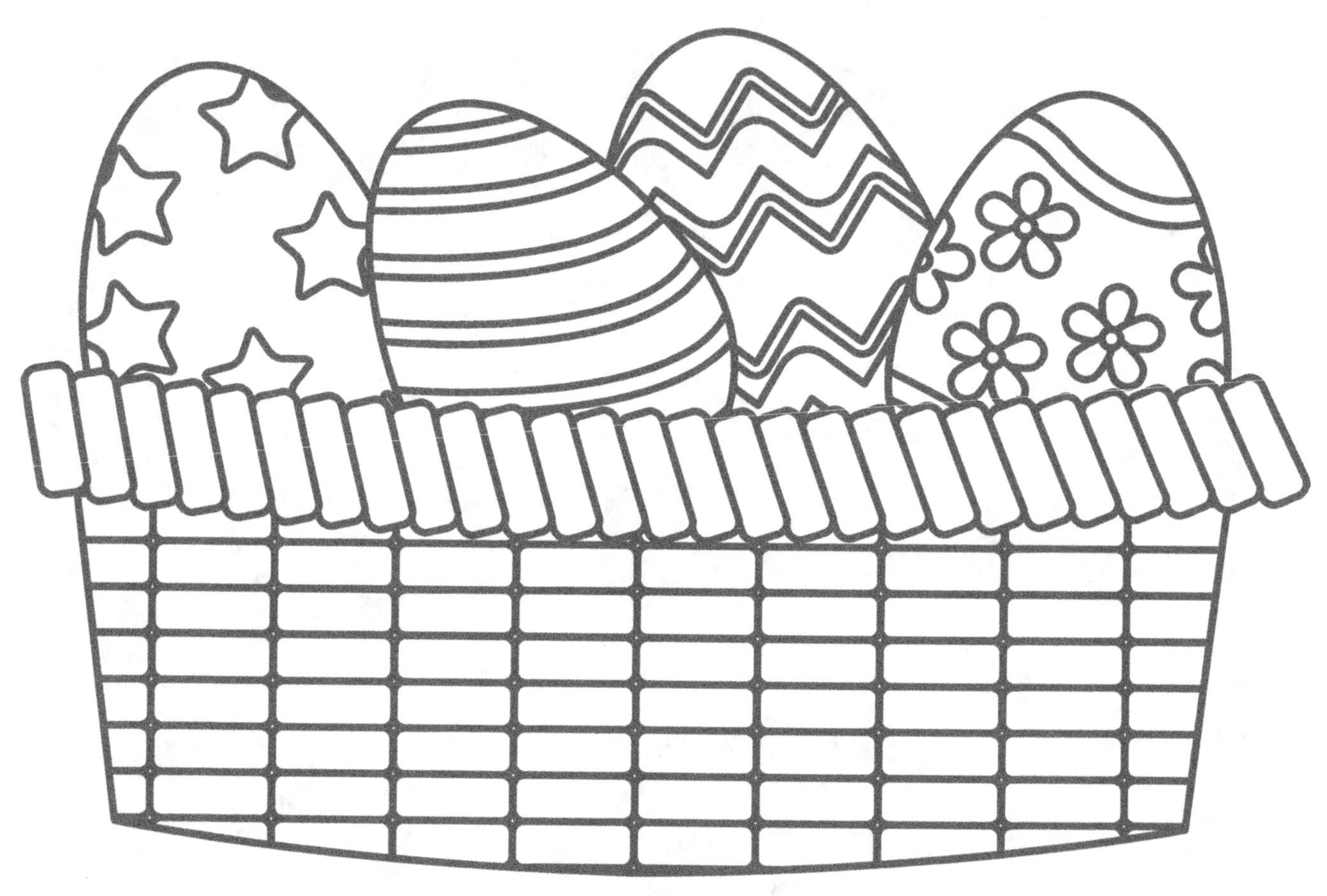

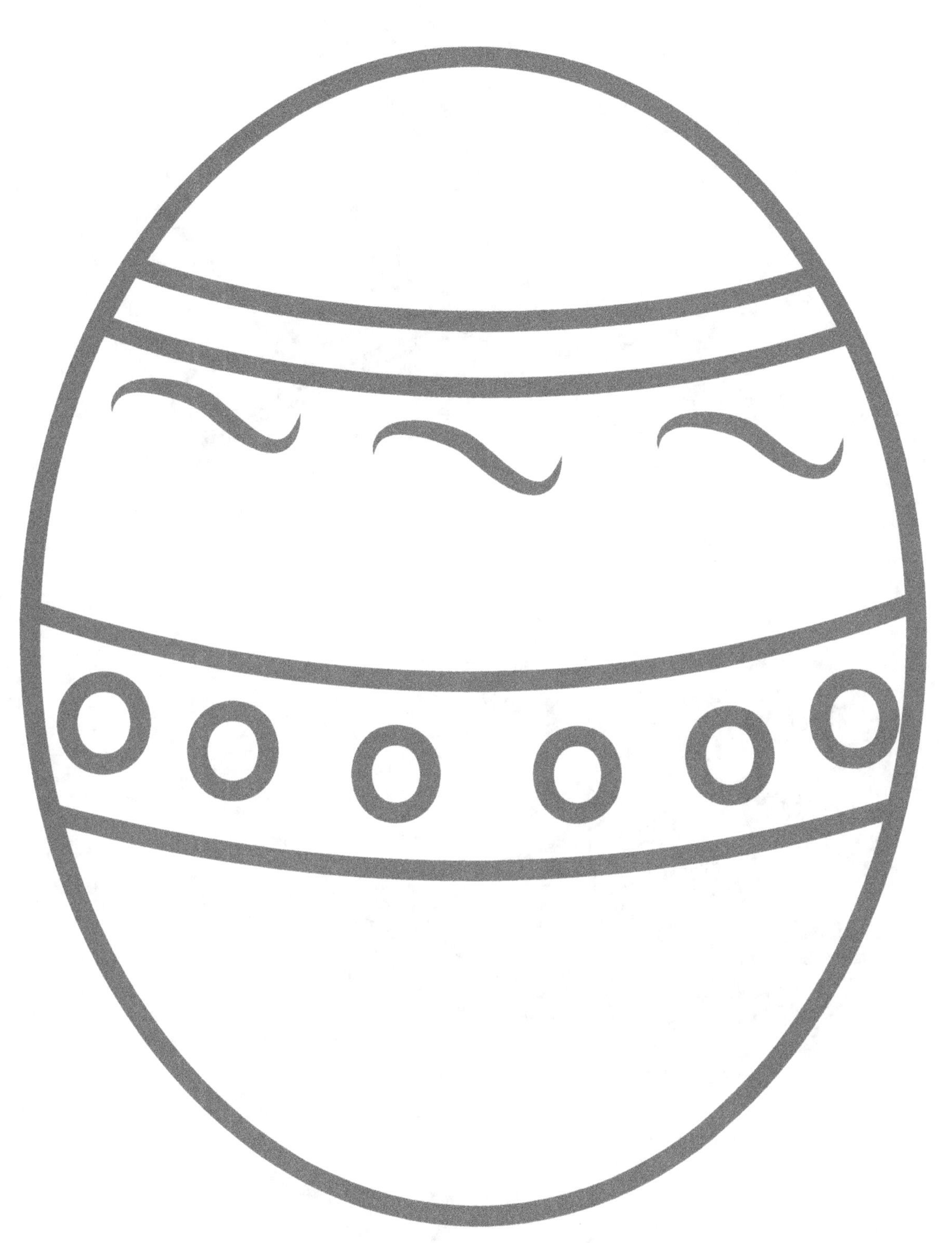

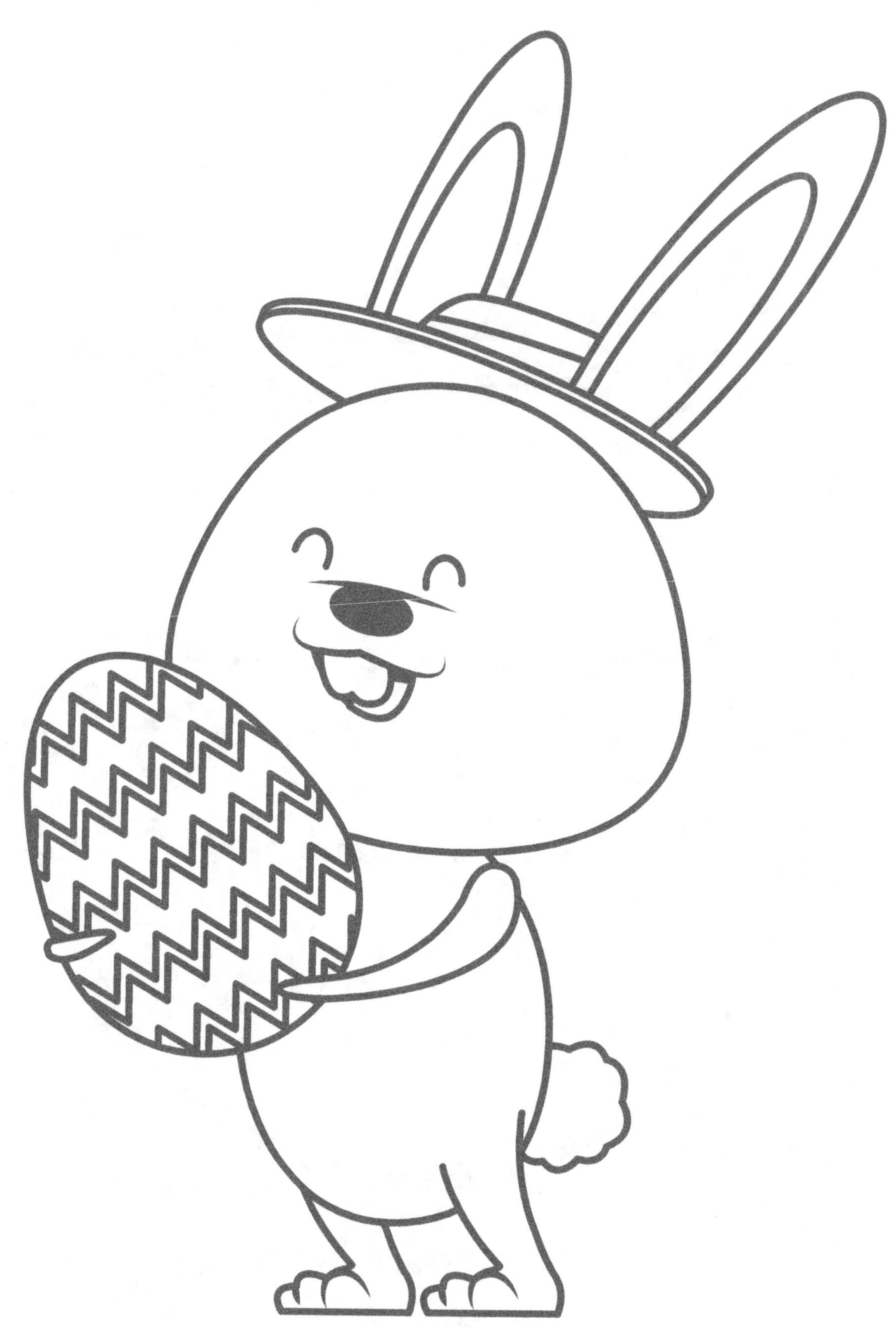

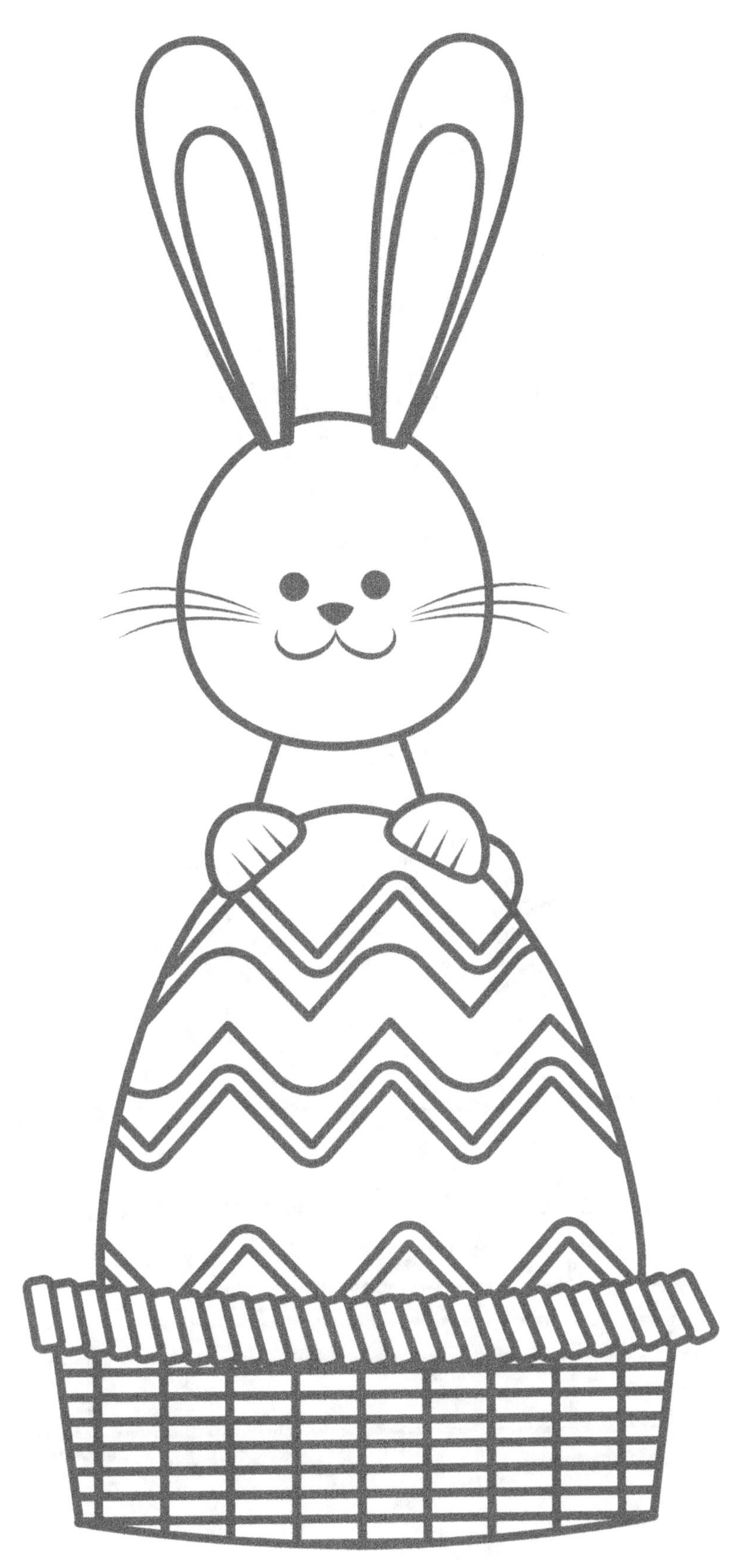

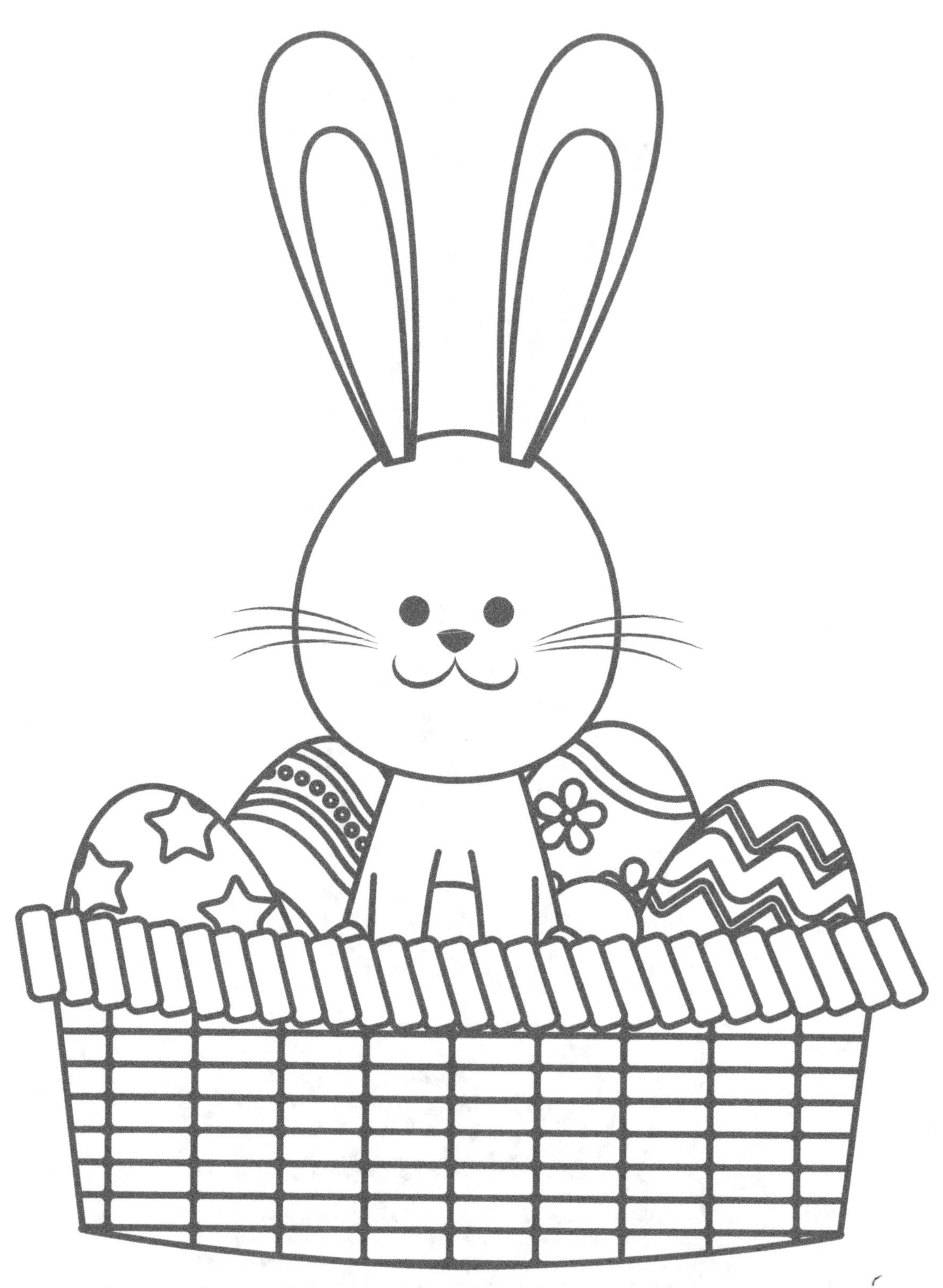

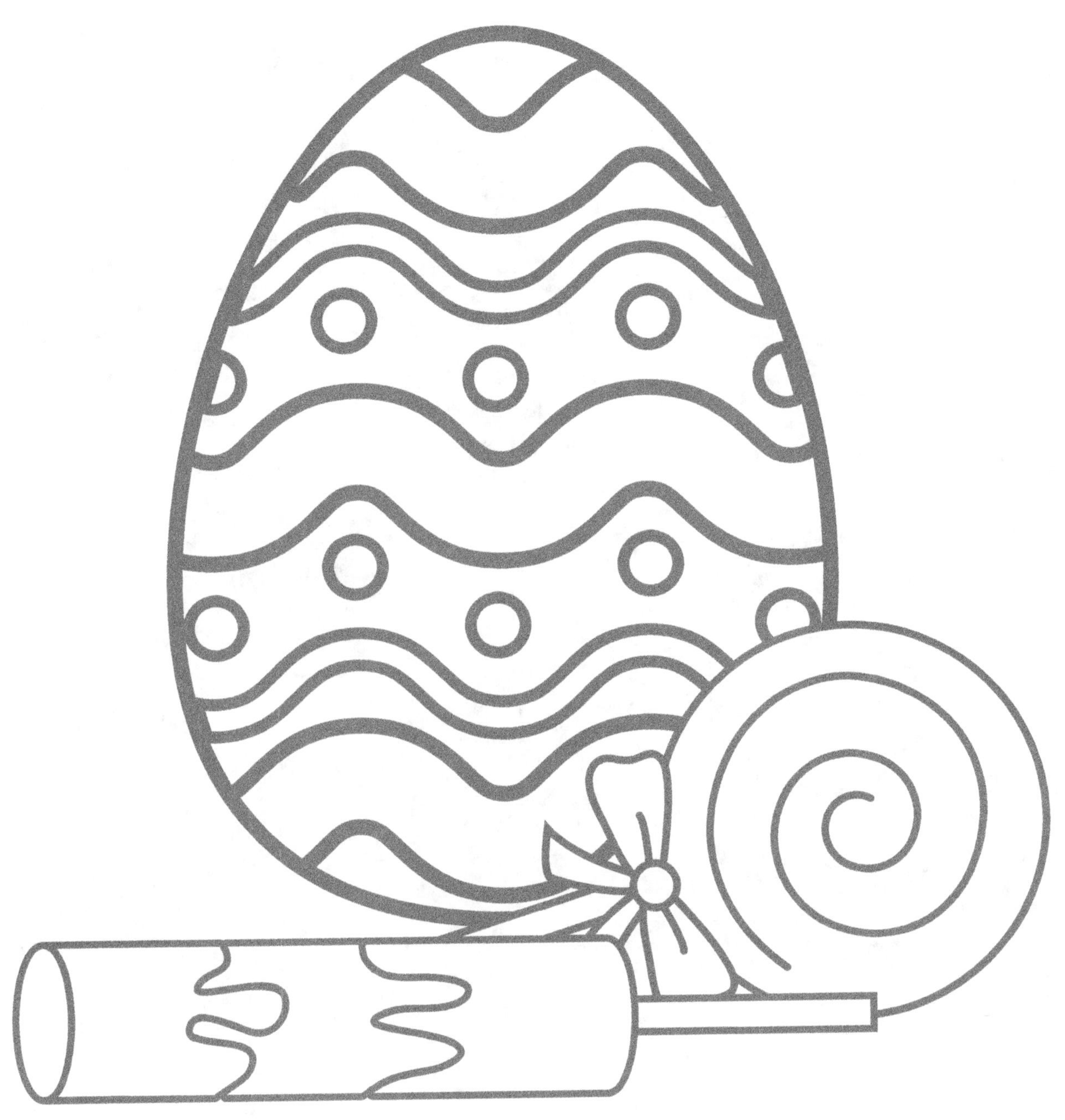

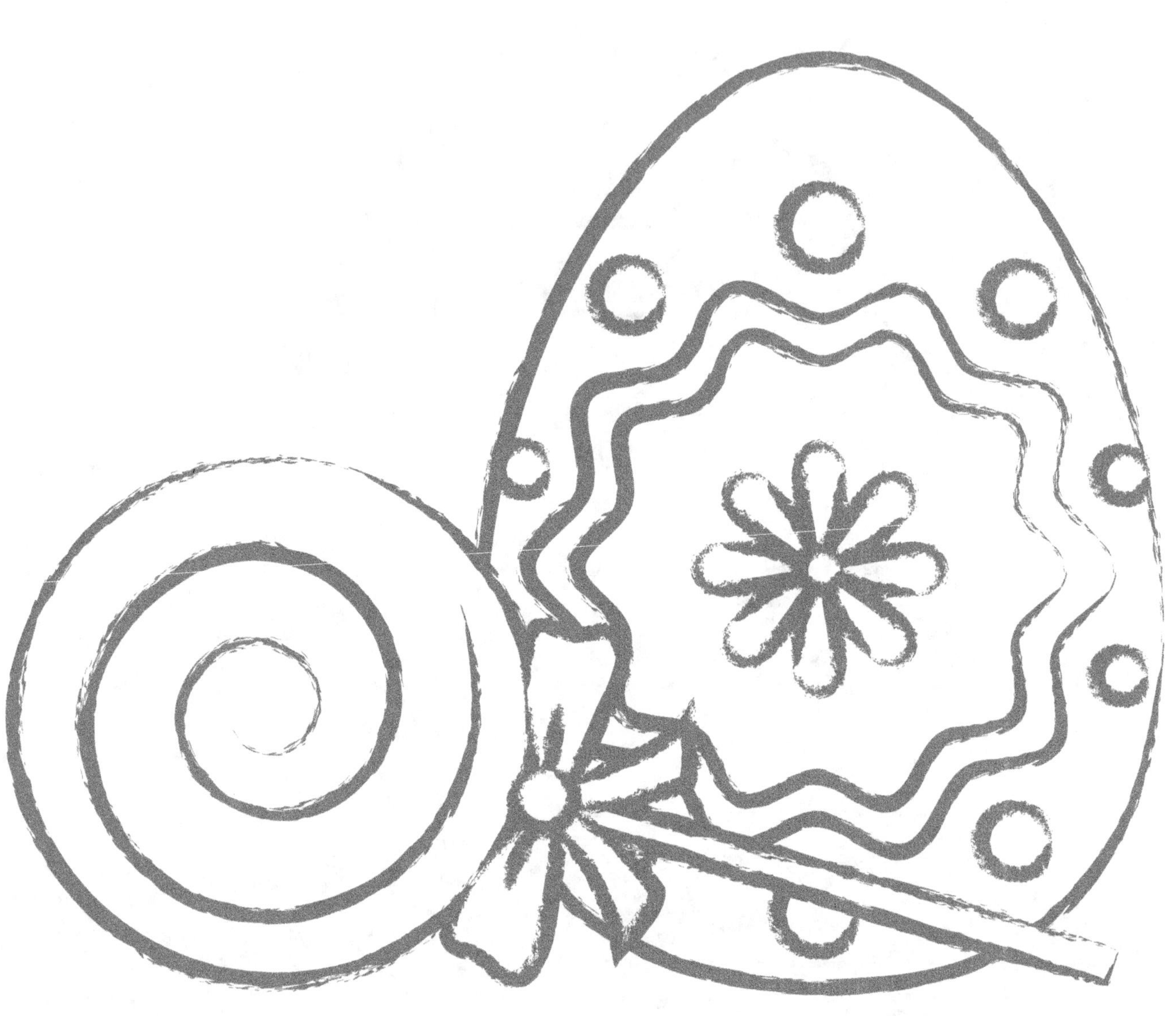

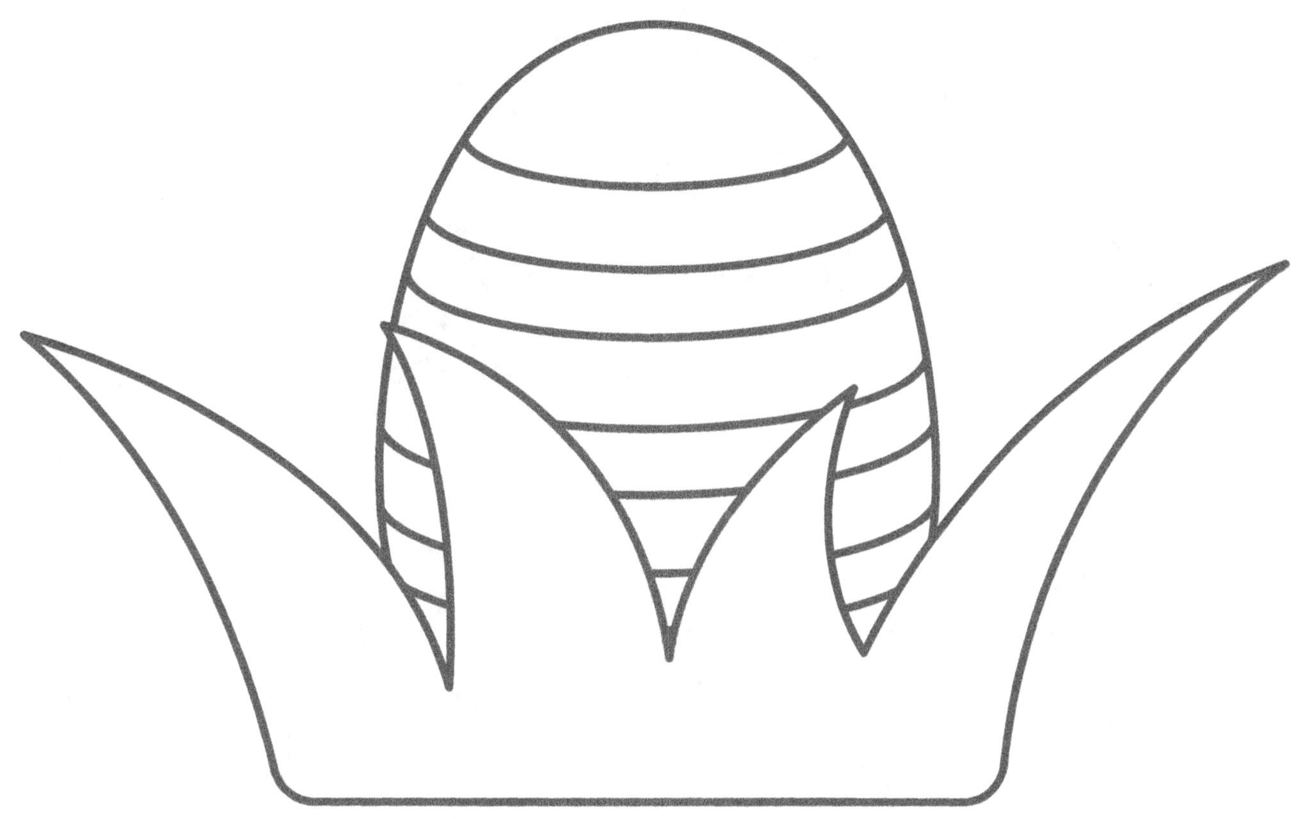

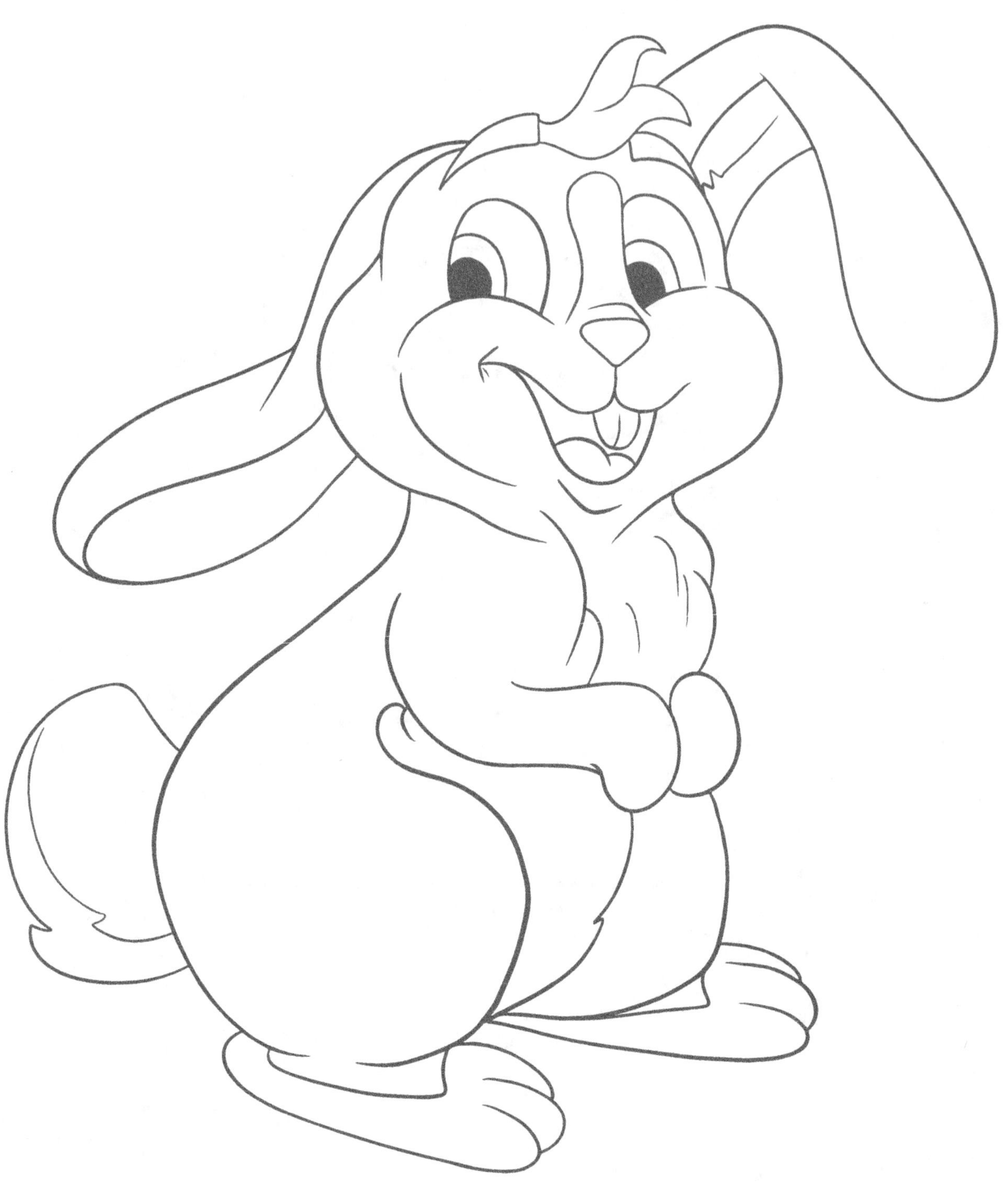

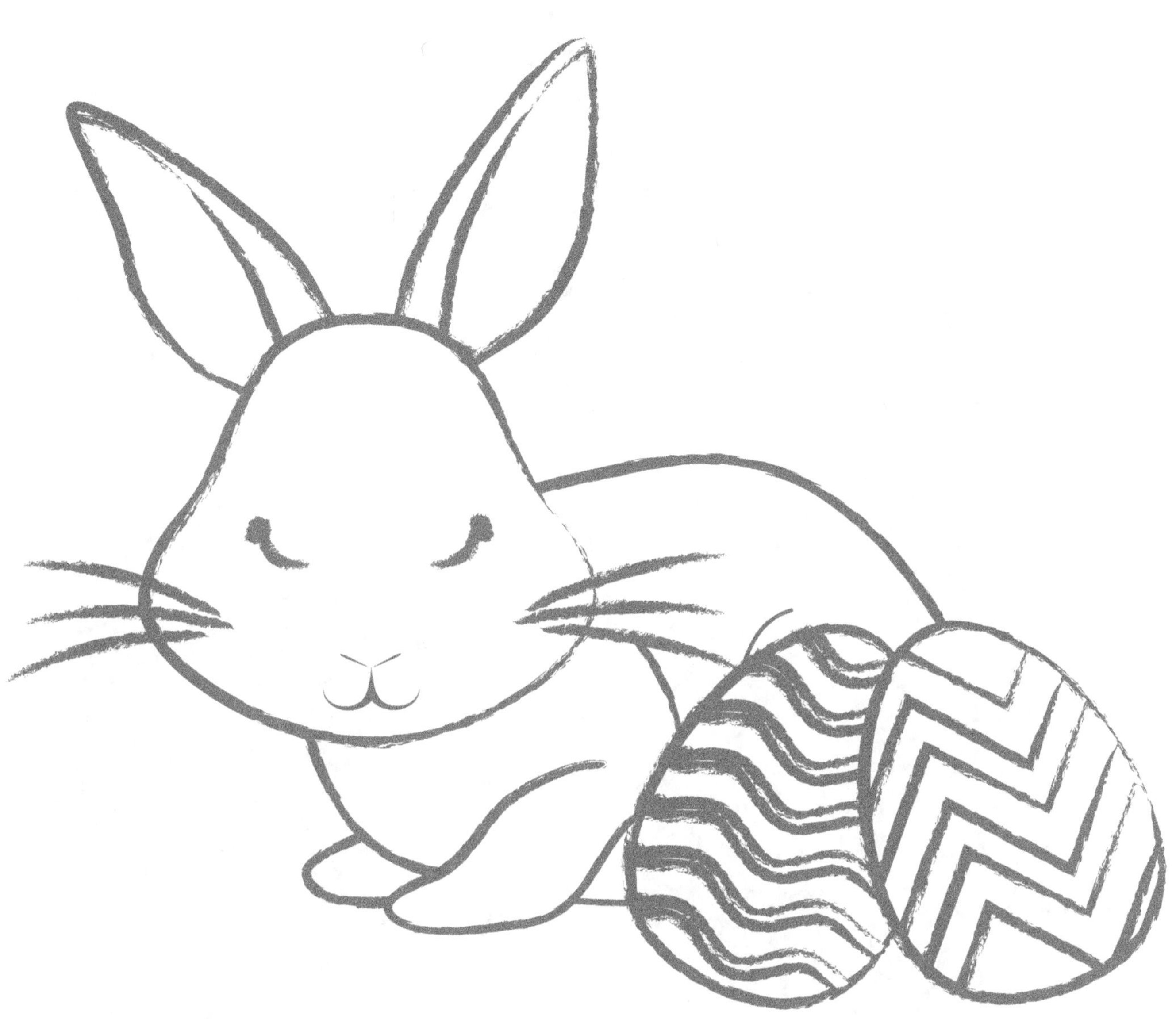

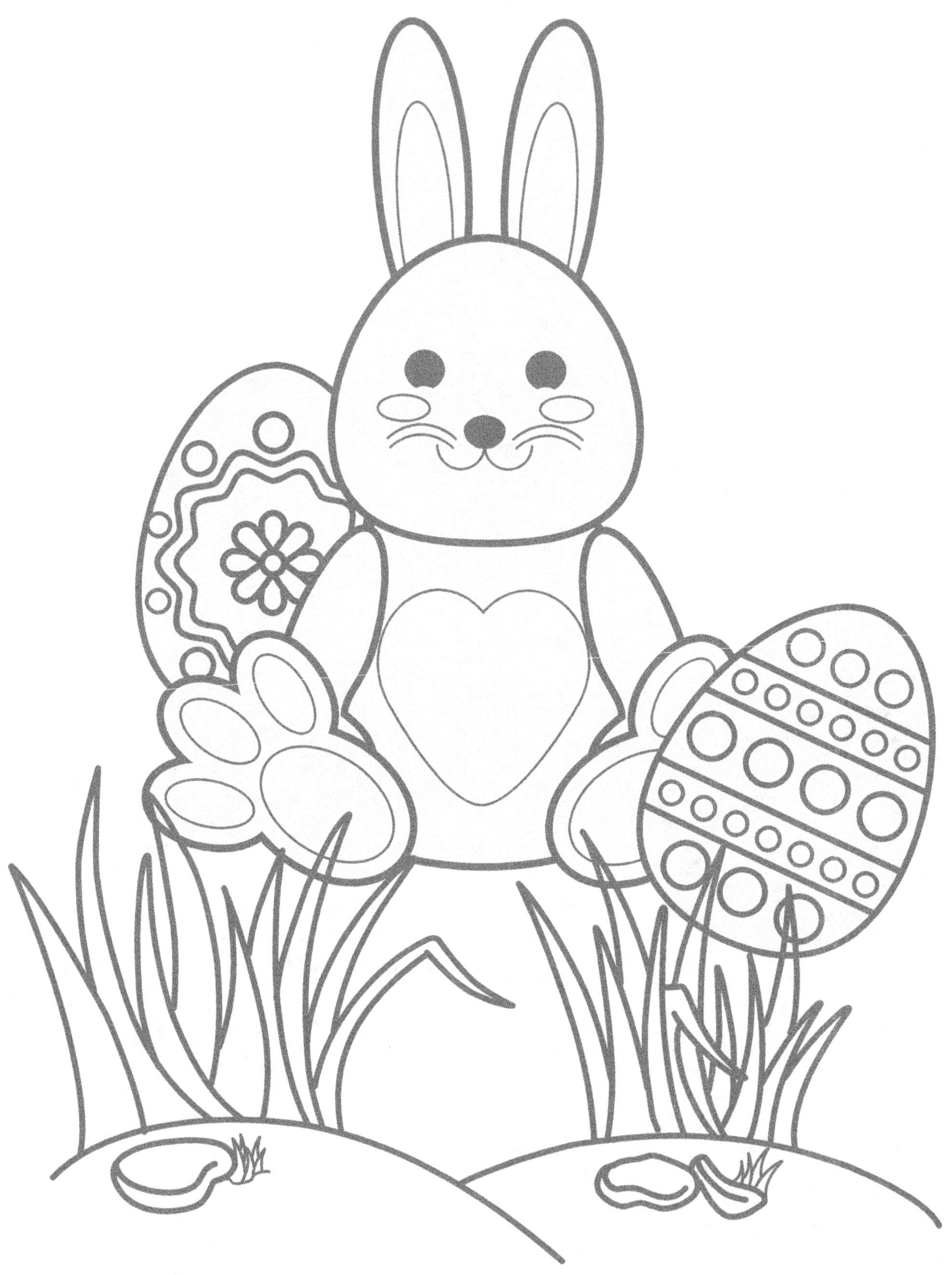